AF324776

STATUTS

ET

ORDONNANCES

DES MAISTRES

PEAUSSIERS, TEINTURIERS

en Cuirs de la Ville, Fauxbourgs
& Banlieuë de Paris.

A PARIS,

Chez la Veuve LOUIS VAUGON,
ruë de la Huchette, AU JOLY-BOIS.

M. D. CC. XVII.

STATUTS
ET
ORDONNANCES

DES MAISTRES PEAUSSIERS,
Teinturiers en Cuir de la Ville, Fauxbourgs
& Banlieuë de Paris.

A TOUS ceux qui ces présentes Lettres verront Antoine Duprat, Chevalier - Baron de Thiers & de Thoury, Seigneur de Nantoüillet, Precy & de Rozay, Conseiller du Roy nostre Sire, Gentilhomme Ordinaire de sa Chambre, & Garde de la Prevosté de Paris : S A L U T. Sçavoir faisons, que l'an de grace 1560 le dixième jour de Janvier, Nous avons fait extraire d'un Livre relié entre deux ais, appellé le second volume, estant en la Chambre du Procureur du Roy nostredit Seigneur audit Chastelet de Paris au 48ᵉ fëiillet & autres en suivant, cé qui s'en suit.

CHARLES aîné fils du Roy de France, Régent le Royaume, Duc de Normandie & Dauphin de Vienne, Sçavoir faisons : A tous présens & à venir, que Nous avons vû une Lettre scellée sous le Scel du Chastelet de Paris, contenant la forme qui s'ensuit.

A TOUS ceux qui ces Présentes Lettres verront Guillaume Staise, Garde de la Prevosté de Paris : S A L U T. Nous avons reçû les Lettres du Roy nostre Sire avec une Requeste enclose sous le seing de la Chambre du Parlement dudit Seigneur, qui s'ensuit.

A ij

JOANNES Dei gratia Francorum Rex, Prepoto par vel eorũ locum tenenti, Salutem. Requeſtum civile Operariorum Tuinctuarium Pellum nigrorum aut rubrarum & aliorum colorum in Villâ Par. & in ejus Banleriâ commoralitum ſub ſigno Camera Parlementi noſtri, par tibi mittimus intercluſum mandamũ, tibi quare vocato tecum ad hoc promere & Conſilio noſtra Carteleti noſtri, & aliis Mercatoribus & Expertis in notificio, vel miniſtra prædicto prout tibi videtur ipoſa Req. provideas & taliter ordinis de eadem prout eum maturâ deliberatione dicti Conſilii videbitur providendum & ordinandum, & quod alias noſcit aduret ſuper hoc Reverendum. Datum Pariſiis, die vigeſimâ-octavâ Julii, anno Domini milleſimo trecenteſſimo quinquageſimo ſeptimo, ſub ſigillo Caſtelli Pariſienſis, in abſentia Magni.

ITEM. La teneur de ladite Requeſtè, ſupplient les Ouvriers Teinturiers de Peaux noires & rouges & autres couleurs en la Ville & Banlicuë de Paris, ſoit ordonné de tous autres Métiers ce que nul ne puiſſe faire & exercer leſdits Métiers ſi il n'eſt Maiſtre ou fils de Maiſtre, ou eſté Apprentif en la Ville de Paris juſqu'à certain temps ſelon l'Ordonnance deſdits Métiers, laquelle Ordonnance eſt des Regiſtres du Chaſtelet de Paris, & d'iceux Métiers, au cas que deffaut y a, vous y avez pour le regard des Maiſtres à ce ordonnez certaines amendes.

Et auſſi leſdits Maiſtres, & il ſoit ainſi qu'audit Métier de Teinturier n'ayent encore aucunes Ordonnances enregiſtrées audit Chaſtelet, ne faites parçe qu'au temps paſſé les Peaux dudit Courroy, ſoins, venuës à Paris & étranges Pays, à préſent pluſieurs Ouvriers s'entremettent ou pourroient entremette de faire & exercer ledit Métier, parquoy les bonnes Gens & Ouvriers qui mettent en œuvre leſdites Peaux ſont & pourroient eſtre, & ceux au temps à venir, & en pourroient enſuivis pluſieurs fauſſetez par ledit Métier, ſi par Nous n'eſt ſur ce ordonné, ainſi comme aux autres Métiers, qu'en conſiderant aux choſes des ſuſdites; & afin que ledit Métier ſoit gardé ſans faire fauſſes Marchandiſes, il vous plaiſe que nul ne pourra exercer ledit Métier en ladite Ville & Banlieuë de Paris, ſi il n'a eſté Apprentif ſix ans, & que nuls Ouvriers, s'il n'a appris ledit Métier à Paris, ſi il n'eſt fils de Maiſtre, s'il ne peut faire ledit Métier ſi il n'a eſté fréquenter ledit Métier avec Maîtres de ladite Ville de Paris, an & jour, & auſſi que nul à préſent ne puiſſe eſtre tenu pour Maiſtre juſqu'à ce qu'il aura parfait ſes ſix années comme Apprentif.

Et les ſix années faites, qu'il ſoit tenu de vous payer quinze ſols, & quinze ſols aux Maiſtres dudit Méti.r, & que ſur peine de vingt ſols d'amende que nul dudit Métier ne courroyent Peaux de Gravelle, ſi ce n'eſt en Teinture rouge, c'eſt à ſçavoir quinze ſols à vous, & cinq ſols auſdits Maiſtres, & avec ce que nuls ne Teindent Peaux de Chevres ny Chevrotins en noir, ſi ce n'eſt pour luy ſur luy faiſant ledit Métier, ſur peine de vingt ſols, quinze ſols à vous & cinq ſols aux Maiſtres.

Et que nuls Ouvriers dudit Métier en hyver & depuis couvre-feu ſonnant ne puiſſe faire ledit Métier ſur peine de dix ſols, ſix à vous, & quatre aux Maiſtres, & auſſi que nul Maiſtre ne puiſſe avoir deux Apprentifs, & que pour iceux apprendre ledit Métier, les ſix ans des ſuſdits, il ne puiſſe prendre que ſix livres ou au-deſſous, & avec ce que nulles Peaux noires ne ſoient Teintes, ſi ce n'eſt d'allun.

Et auſſi que nuls dudit Métier, ſi il n'a eſté Maiſtre dudit Métier ne œuvre en la Ville ny en la Banlieuë de Paris, an & jour de Teinture dudit Métier, que ſur peine des Denrées appliquées à vous, ils ne s'entre-mettent dudit Métier; & à iceluy Métier, garder & gouverner ſoient élûs chacun an par les Ouvriers dudit Métier deux Maiſtres pour entretenir & acccomplir l'Ordonnance des fufdites, ainfi comme il eft accoûtumé à faire à Paris des autres Métiers mêmement que n'a gueres en cas *femblables a efté fait des Taffetiers & Bourfiers*, & pour accomplir les Lettres du Roy noftredit Seigneur deffus tranfcrites, & ce que mandé nous eftoit par icelles vous ayons fait venir pardevant Nous la plus grande & la plus feine partie de tous les Ouvriers Teinturiers de Peaux noires & rouges & d'autres couleurs de la Ville & Banlieuë de Paris, & auffi le Procureur du Roy noftre Sire & plufieurs autres fages du Confeil d'iceluy Seigneur avec plufieurs perfonnes & Marchands connoiffans audit Métier & Ouvrages, & avec tous iceux ayons en Confeil avis & déliberation fur lefdites Lettres & Requeftes, & lefdites chofes dedans contenuës, lefquelles Nous ayons fait lire & expofer en leur préfence, & fait jurer iceux Ouvriers & Marchands qu'ils nous diroient & avileroient fi les faits contenus en ladite Requefte deffus tranfcrite eftoient bons, convenables & profitables a efté faits, tenus & gardez audit métier de Teinturier de Peaux en la Ville de Paris, tant pour le profit du Roy noftredit Seigneur, comme pour le commun profit, & que en ce, & fur ce, Nous aiderons à avifer & confeiller, & leur pourvoir fçachent tant que par le confeil de tous les Regiftres dudit Châtelet des mérites de la Ville de Paris; Avons de ladite Requefte plufieurs chofes detrait, & plufieurs chofes y ajoutées, & en aucune admoderée, & par grand & meure déliberation pour le profit du Roy noftre Sire de tout le commun des Ouvriers dudit Métier, & de tous ceux à qui ces chofes touchent & peuvent toucher. Avons fait, ordonné, faifons & ordonnons par ces Préfentes, par vertu des Lettres deffus tranfcrites & du pouvoir à Nous commis par icelles les Regiftres dudit Métier de Teinturier de Cuirs pour le temps préfent, & advenir en la maniere qui s'enfuit.

PREMIEREMENT. Quiconque voudra tenir Oûvroüer ou Métiers de Teinturiers de Peaux noires, rouges & d'autres couleurs, & faire le pourra : Mais qu'il soit trouvé paravant suffisant ouvrir, & qu'il soit de bonne vie & renommée, & qu'il ait payé vingt sols au Roy, desquels vingt sols parisis les Maistres & Gardes dudit Métier auront par la main du Receveur de Paris cinq sols Parisis.

II. ITEM. Aucun ne pourra Teindre Peaux de Gravelle, si ce n'est de Teinture rouge, sur peine de vingt sols parisis d'amende, dont le Roy nostre Sire aura quinze sols parisis, & lesdits Maistres & Gardes dudit Métier cinq sols parisis par la main dudit Receveur de Paris.

III. ITEM. Pour ce que aucuns baillent à teindre Peaux qui ne sont pas bonnes ne suffisantes, ordonné est que l'on ne Teigne aucunes Peaux audit Métier, si elles ne sont bonnes, Marchandes & suffisantes, sur peine de vingt sols parisis d'amende, dont le Roy nostredit Seigneur aura quinze sols parisis, les Maistres & Gardes dudit Métier cinq sols parisis.

IV. ITEM. Pour ce que ledit Métier est tout fait & parfait, ordonné & deffendu, & pour eschever le danger du feu, & que nul ne œuvre audit Métier depuis couvre-feu sonné ne devant jour sur peine de dix sols parisis d'amende, dont le Roy aura six sols parisis, & lesdits Maistres & Gardes dudit Métier quatre sols parisis pour leur peine de garder ledit Métier.

V. ITEM. Que nul ne œuure andit Métier au jour de Samedy depuis Vespres sonnez à Nostre-Dame de Paris, ne au jour de Feste de Nostre-Dame, ne d'Apostre, ne d'autre Feste solemnelle, sur peine de dix sols d'amende dont le Roy aura six sols, & lesdits Maistres & Gardes dudit Métier quatre sols parisis.

VI. ITEM. Que nul ne teignent Peaux noires aus

dit Métier, ce n'eſt en alun, & s'il n'eſt expert & ſu-
fiſant comme eſt dit ſur peine de dix ſols pariſis, dont
le Roy noſtredit Seigneur aura ſix ſols, & leſdits Maîtres & Gardes dudit Métier, pour leur peine quatre ſols.

VII. Item. Que nul ne œuvre audit Métier par la
maniere que deſſus eſt dit ; toutesfois, que cette Ordonnance luy auroit eſté ſignifiée, ou ſeroit venuë à ſa con-
noiſſance, ſur peine de perdre ces Denrées, & eſtre ac-
quis & confiſquez au Roy noſtre Sire.

VIII. Item. Que nuls ne Teindent Peaux noires ne
rouges audit Métier eſdites Villes & Banlieuës de Paris,
ſi il n'eſt dudit Métier, & que nul ne ſoit reçû en iceluy Métier, ſi il n'eſt de bonne renommée & de hon-
neſte converſation, & s'il n'a achepté ledit Métier du
Roy noſtredit Seigneur, comme deſſus eſt dit.

IX. Item. Nul qui ſçaura autre Métier dont il ſçaura gagner ſa chevance, ne ſoit reçû à faire ledit Métier,
dont ſi il ne renonce à l'autre dont il ſera entretenu.

X. Item. Et ſi aucuns qui déja ont accoutumé de
faire ledit Métier ſont trouvez de mauvaiſe renommées,
ou qu'ils ſe ſoient desja meffaits audit Métier, ils en ſeront oſtez & déboutez, & de tout privez.

XI. Item. Que nul ne vende Peaux Teintes audit
Métier, ſi elles ne ſont bonnes, Marchandes & ſuffi-
ſantes, & quiconque ſera trouvé faiſant le contraire, il
l'amendera de dix ſols, & les Maiſtres & Gardes dudit
Métier quatre ſols, & s'y feront les denrées arſes comme
fauſſes.

XII. Item. Que leſdits Maiſtres qui ſeront ordonnez & Jurez audit Métier, ou l'un d'eux puiſſe prendre
ſans préjudice en la Ville & Banlieuë de Paris, ſans appeller autres avec eux tous Ouvrages & Peaux qu'il trou-
vera, faux ou fauſſes Teintes audit Métier, & eſdites
Ville & Banlieuë, & icelles ſeront tenus de appeller
pardevers Nous Procureur ou le Receveur du Roy nô-

tredit Seigneur au Chaftelet , comme acquifes & forfai-
tes pour en ordonner comme de raifon fera , & que bon
femblera de faire de raifon , & aura audit Métier deux
prud'hommes que les bonnes gens Ouvriers dudit Métier , éliront pour gouverner , maintenir & garder ledit
Métier , & cette préfente Ordonnance au profit du Roy
noftre Sire pour le bien commun & la confervation de
loyauté & de bonne Marchandife , & pour rapporter
pardevers Nous ou nos Succeffeurs Prevofts de Paris,
lefdits Receveurs ou Procureurs du Roy noftre Sire audit Chaftelet de Paris, toutes les méprentures, mauvaif-
ties & forfaitures que feront au temps advenir fi en eft
befoin , ou que trouvé fut bon à faire : En témoin de
ce , Nous avons fait mettre à ces Lettres le Scel de la
Prevofté de Paris : Ce fut fait l'an de grace mil trois cens
cinquante-fept , le Lundy vingt-uniéme jour d'Aouft.

Nous adecertes toutes les Claufes deffufdites , les
agréons , ratiffions & approuvons , & de noftre grace
fpeciale , authorité & puiffance Royale , dont Nous
ufons , à prefent confervons , & avec ce employant
noftredite Grace , le bien du Peuple commun de ladite
Ville de Paris & Baulieuë d'icelle ; & à la Supplication
des Maiftres dudit Métier de Teinturier : Avons ajouté
audit Regiftre les chofes qui fuivent ;

PREMIEREMENT. Que nul ne puis teindre Peaux
ne faire teindre , ne vendre rouge ne noir , ne d'autres
Couleurs , s'il n'eft dudit Métier , parce que fi les Denrées eftoient fauffes , on pourroit dire que ce feroit par
le fait & coupe des Maiftres dudit Métier , & s'il eft
ainfi , Que aucuns apportent Peaux teintes de dehors,
qu'elles foient veuës par lefdits Maiftres avant qu'elles
foient mifes en Vente , pour fçavoir fi elles feront bonnes ou non.

Et Quiconque fera trouvé vendant & ouvrant d'autres Peaux teintes , que bonnes , Qui foit en Amende

de trente ſols pariſis, c'eſt à ſçavoir à Monſieur & à Nous vingt ſols pariſis, & les Denrées acquiſes, & aux Maiſtre dudit Métier dix ſols pariſis.

I T E M, audit Regiſtre eſt contenu entre les autres Clauſes, Que nul qui ſçaura autre Métier, dont il peut gagner ſa chevance ne ſoit receu à faire ledit Métier de Teinturier, ſi il ne renonce à l'autre dont il ſera entretenu.

Si voulons, Que nul ne s'en puiſſe entremettre, s'il n'eſt Apprentif à Paris quatre ans contenu audit Regiſtre.

I T E M. Que aucuns ne comportent Peaux teintes par la Ville de Paris reſpectivement, pource que il s'y pourroit porter à vendre pluſieurs fauſſes Denrées en decevant le Peuple, que les veuës ne viſitées par les Maiſtres dudit Métier, & qui ſera trouvé faiſant le contraire, Qu'il ſoit en Amende de dix ſols pariſis à Monſieur & à Nous, & les Denrées acquiſes, & quatre ſols pariſis auſdits Maiſtres.

I T E M. Quant à une Clauſe contenuë audit Regiſtre faiſant mention, Que nul ne peut ouvrer de Teinture de Peaux juſques à tant qu'il ait achepté le Métier vingt ſols pariſis à Monſieur à & Nous. Nous à la Suplication deſdits Maiſtres, Voulons que iceux vingt ſols ſoient mis à quarante ſols pariſis & dix ſols pariſis auſdits Maiſtres pour leur peine, & à faire la Viſitation dudit Métier.

I T E M. Avec ce Nous avons adjouté audit Regiſtre Que aucun ne ſoit ſi hardy de teindre Peaux d'Alun ne degravelle en Noir & Rouge autres Teintures, ſi les Denrées ne ſont bien convenables en leurs Teintutes, corroyées, & quiconque ſera trouvé faiſant le contraire, Qu'il ſoit en Amende de vingt ſols pariſis, c'eſt à ſçavoir douze ſols à Monſieur & à Nous, & les Denrées acquiſes, & huit ſols pariſis pour les Maiſtres d'iceluy Métier, afin que ledit Métier ſoit fait & ſoutenu ſans aucune fauſſeté. SI DONNONS EN MANDEMENT au

Prevoſt

Prevost & Receveur de Paris, qui à present font & qui pour le temps advenir feront , & à tous autres Jufticiers & Sujets de Monfieur & de Nous , Que ledit Regiftre & tout ce que adjouté y eft de par Nous par la teneur de ces Prefentes tiennent & gardent , le faffent tenir & garder de point en point : Aurefte & pour le temps advenir envers tous & contre tous , fans les enfraindre en aucune maniere par quelconque perfonne que ce foit , & pource que les chofes deffufdites font ftables à toujours. Nous avons fait mettre noftre Scel à ces Lettres , fauf en autres chofes le Droit de Monfieur & de Nous & l'Autruy en toutes. DONNE' au Louvre lés Paris l'An de grace mil trois cens cinquate-neuf au mois d'Octobre; Ainfi fignées par Monfieur le Regent à la Relation de Monfieur d'Eftampes. Ce fut fait & extrait les an & jour deffufdits. Collation eft faite de par moy NOCQUER ou Subftitué , figné DE NEULFCOURGE , *Et au bas eft écrit.*

Ce que deffus a efté extrait , tiré & colligé par les Notaires du Roy au Chaftelet de Paris foubfignez fur un Regiftre efcript en Parchemin , relié & couvert d'une Couverture de Bois & Bazanne verte. Ce fait , rendu le vingt-huit jour d'Aouft mil fix cens cinquante-cinq. Signez LE CARON & CHAPERON.

Collationné fur une Copie en parchemin , à l'inftant rendu par les Notaires à Paris fouffignez ce treize Juillet mil fept cens feize. Signez , COSSON & MESNIL.